Date:

Location:

Flora

*
*
*
*
*
*
*
*

Places I Visited

*
*
*
*
*
*
*

Fauna

*
*
*
*
*
*
*
*

     *
     *
     *
     *
     *
     *
     *
     *

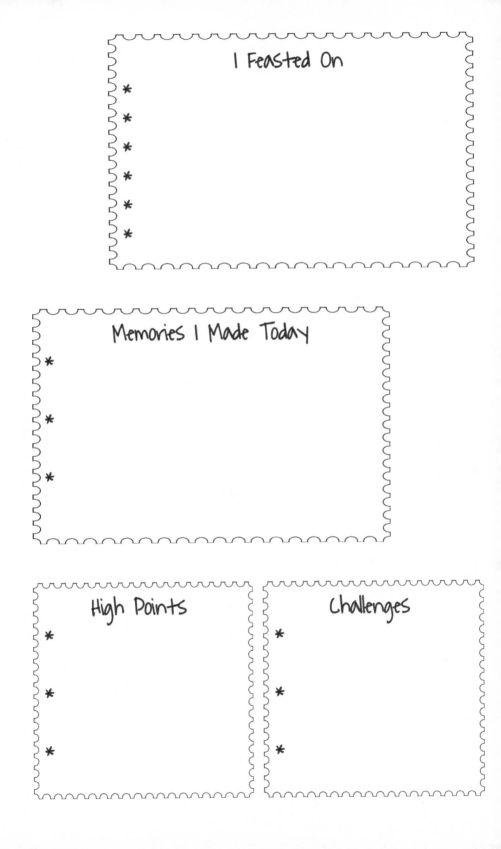

I Feasted On

*
*
*
*
*
*

Memories I Made Today

*
*
*

High Points

*
*
*

Challenges

*
*
*

Date:

Location:

Flora

*
*
*
*
*
*
*
*

Places I Visited

*
*
*
*
*
*
*

Fauna

*   *
*   *
*   *
*   *
*   *
*   *
*   *
*   *

I Feasted On

*
*
*
*
*
*

Memories I Made Today

*

*

*

High Points

*

*

*

Challenges

*

*

*

Date:

Location:

Flora

*
*
*
*
*
*
*
*

Places I Visited

*
*
*
*
*
*
*
*

Fauna

*
*
*
*
*
*
*
*

*
*
*
*
*
*
*
*

I Feasted On

*
*
*
*
*
*

Memories I Made Today

*

*

*

High Points

*

*

*

Challenges

*

*

*

Date:

Location:

Flora

*
*
*
*
*
*
*
*

Places I Visited

*
*
*
*
*
*
*
*

Fauna

*
*
*
*
*
*
*
*

*
*
*
*
*
*
*
*

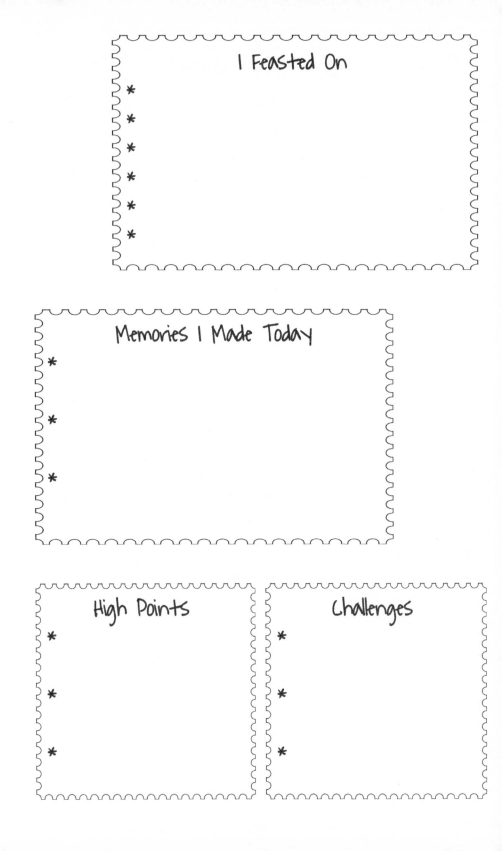

I Feasted On

*

*

*

*

*

*

Memories I Made Today

*

*

*

High Points

*

*

*

Challenges

*

*

*

Date:

Location:

Flora

*
*
*
*
*
*
*
*

Places I Visited

*
*
*
*
*
*
*
*

Fauna

*
*
*
*
*
*
*
*

*
*
*
*
*
*
*
*

I Feasted On

*
*
*
*
*
*

Memories I Made Today

*

*

*

High Points

*

*

*

Challenges

*

*

*

Date:

Location:

Flora

* *
* *
* *
* *
* *
* *
* *
* *

Places I Visited

* *
* *
* *
* *
* *
* *
* *

Fauna

* *   * *
* *   * *
* *   * *
* *   * *
* *   * *
* *   * *
* *   * *
* *   * *

I Feasted On

*

*

*

*

*

*

Memories I Made Today

*

*

*

High Points

*

*

*

Challenges

*

*

*

Date:

Location:

Flora

*
*
*
*
*
*
*
*

Places I Visited

*
*
*
*
*
*
*

Fauna

*
*
*
*
*
*
*
*

*
*
*
*
*
*
*

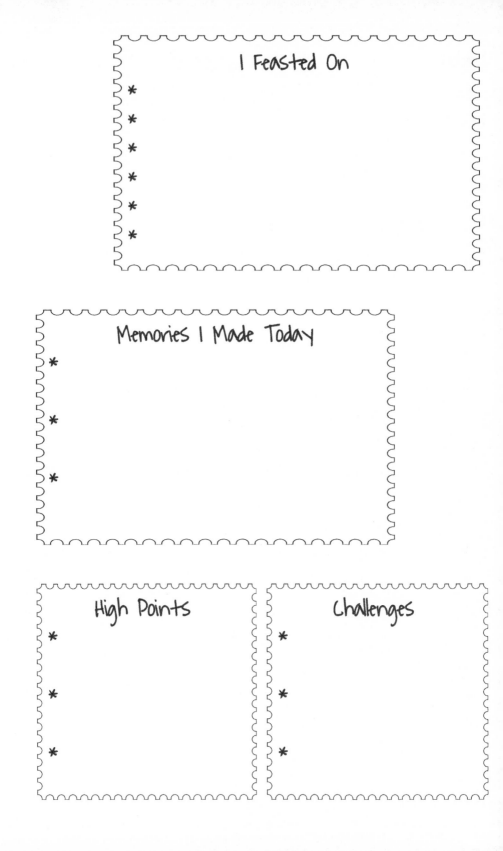

I Feasted On

*
*
*
*
*
*

Memories I Made Today

*
*
*

High Points

*
*
*

Challenges

*
*
*

Date:

Location:

Flora

*
*
*
*
*
*
*
*

Places I Visited

*
*
*
*
*
*
*
*

Fauna

*
*
*
*
*
*
*
*

*
*
*
*
*
*
*
*

I Feasted On

*
*
*
*
*
*

Memories I Made Today

*
*
*

High Points

*
*
*

Challenges

*
*
*

Date:

Location:

Flora

*
*
*
*
*
*
*
*

Places I Visited

*
*
*
*
*
*
*

Fauna

*   *
*   *
*   *
*   *
*   *
*   *
*   *
*   *

I Feasted On

*
*
*
*
*
*

Memories I Made Today

*
*
*

High Points

*
*
*

Challenges

*
*
*

Date:

Location:

Flora

*
*
*
*
*
*
*
*

Places I Visited

*
*
*
*
*
*
*

Fauna

*   *
*   *
*   *
*   *
*   *
*   *
*   *
*   *

I Feasted On

*
*
*
*
*
*

Memories I Made Today

*
*
*

High Points

*
*
*

Challenges

*
*
*

Date:

Location:

Flora

* *
* *
* *
* *
* *
* *
* *
* *

Places I Visited

* *
* *
* *
* *
* *
* *
* *
* *

Fauna

* *   * *
* *   * *
* *   * *
* *   * *
* *   * *
* *   * *
* *   * *
* *   * *

I Feasted On

*
*
*
*
*
*

Memories I Made Today

*

*

*

High Points

*

*

*

Challenges

*

*

*

Date:

Location:

Flora

*
*
*
*
*
*
*
*

Places I Visited

*
*
*
*
*
*
*

Fauna

*
*
*
*
*
*
*
*

*
*
*
*
*
*
*
*

I Feasted On

*
*
*
*
*
*

Memories I Made Today

*

*

*

High Points

*

*

*

Challenges

*

*

*

Date:

Location:

Flora

*
*
*
*
*
*
*
*

Places I Visited

*
*
*
*
*
*
*

Fauna

*
*
*
*
*
*
*
*

*
*
*
*
*
*
*
*

I Feasted On

*
*
*
*
*
*

Memories I Made Today

*

*

*

High Points

*

*

*

Challenges

*

*

*

Date:

Location:

Flora

*
*
*
*
*
*
*
*

Places I Visited

*
*
*
*
*
*
*
*

Fauna

*
*
*
*
*
*
*
*

*
*
*
*
*
*
*
*

I Feasted On

*
*
*
*
*
*

Memories I Made Today

*

*

*

High Points

*

*

*

Challenges

*

*

*

Date:

Location:

Flora
*
*
*
*
*
*
*
*

Places I Visited
*
*
*
*
*
*
*
*

Fauna
*
*
*
*
*
*
*
*

*
*
*
*
*
*
*
*

I Feasted On

*
*
*
*
*
*

Memories I Made Today

*
*
*

High Points

*
*
*

Challenges

*
*
*

Date:

Location:

Flora

*
*
*
*
*
*
*
*

Places I Visited

*
*
*
*
*
*
*
*

Fauna

*
*
*
*
*
*
*
*

*
*
*
*
*
*
*
*

I Feasted On

*
*
*
*
*
*

Memories I Made Today

*

*

*

High Points

*

*

*

Challenges

*

*

*

Date:

Location:

Flora

*
*
*
*
*
*
*
*

Places I Visited

*
*
*
*
*
*
*

Fauna

*   *
*   *
*   *
*   *
*   *
*   *
*   *
*   *

I Feasted On

*
*
*
*
*
*

Memories I Made Today

*

*

*

High Points

*

*

*

Challenges

*

*

*

Date:

Location:

Flora

*
*
*
*
*
*
*
*

Places I Visited

*
*
*
*
*
*
*

Fauna

*   *
*   *
*   *
*   *
*   *
*   *
*   *
*   *

I Feasted On

*
*
*
*
*
*

Memories I Made Today

*

*

*

High Points

*

*

*

Challenges

*

*

*

Date:

Location:

Flora

*
*
*
*
*
*
*
*

Places I Visited

*
*
*
*
*
*
*
*

Fauna

*
*
*
*
*
*
*
*

*
*
*
*
*
*
*
*

I Feasted On

*
*
*
*
*
*

Memories I Made Today

*
*
*

High Points

*
*
*

Challenges

*
*
*

Date:

Location:

Flora

*
*
*
*
*
*
*
*

Places I Visited

*
*
*
*
*
*
*
*

Fauna

*
*
*
*
*
*
*
*

*
*
*
*
*
*
*
*

I Feasted On

*
*
*
*
*
*

Memories I Made Today

*

*

*

High Points

*

*

*

Challenges

*

*

*

Date:

Location:

Flora

*
*
*
*
*
*
*
*

Places I Visited

*
*
*
*
*
*
*
*

Fauna

*
*
*
*
*
*
*
*

*
*
*
*
*
*
*
*

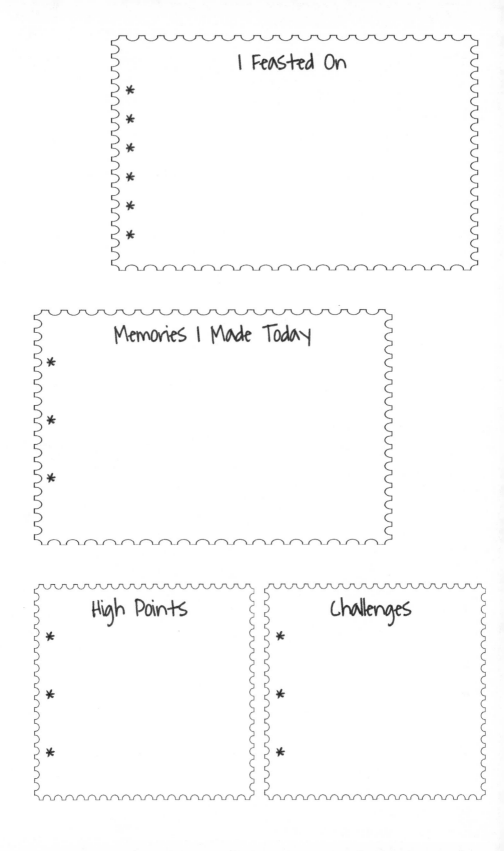

I Feasted On

*
*
*
*
*
*

Memories I Made Today

*
*
*

High Points

*
*
*

Challenges

*
*
*

Date:

Location:

Flora

*
*
*
*
*
*
*
*

Places I Visited

*
*
*
*
*
*
*
*

Fauna

*
*
*
*
*
*
*
*

*
*
*
*
*
*
*
*

I Feasted On

*
*
*
*
*
*

Memories I Made Today

*

*

*

High Points

*

*

*

Challenges

*

*

*

Date:

Location:

Flora

*
*
*
*
*
*
*
*

Places I Visited

*
*
*
*
*
*
*
*

Fauna

*
*
*
*
*
*
*
*

*
*
*
*
*
*
*
*

I Feasted On

*
*
*
*
*
*

Memories I Made Today

*
*
*

High Points

*
*
*

Challenges

*
*
*

Date:

Location:

Flora

*
*
*
*
*
*
*
*

Places I Visited

*
*
*
*
*
*
*
*

Fauna

*
*
*
*
*
*
*
*

*
*
*
*
*
*
*
*

I Feasted On

*
*
*
*
*
*

Memories I Made Today

*

*

*

High Points

*

*

*

Challenges

*

*

*

Date:

Location:

Flora

*
*
*
*
*
*
*
*

Places I Visited

*
*
*
*
*
*
*
*

Fauna

*
*
*
*
*
*
*
*

*
*
*
*
*
*
*
*

I Feasted On

*
*
*
*
*
*

Memories I Made Today

*

*

*

High Points

*

*

*

Challenges

*

*

*

Date:

Location:

Flora

*
*
*
*
*
*
*
*

Places I Visited

*
*
*
*
*
*
*
*

Fauna

*
*
*
*
*
*
*
*

*
*
*
*
*
*
*
*

I Feasted On

*
*
*
*
*
*

Memories I Made Today

*
*
*

High Points

*
*
*

Challenges

*
*
*

Date:

Location:

Flora

* *
* *
* *
* *
* *
* *
* *
* *

Places I Visited

* *
* *
* *
* *
* *
* *
* *
* *

Fauna

* *   * *
* *   * *
* *   * *
* *   * *
* *   * *
* *   * *
* *   * *
* *   * *

I Feasted On

*
*
*
*
*
*

Memories I Made Today

*

*

*

High Points

*

*

*

Challenges

*

*

*

Date:

Location:

Flora
*
*
*
*
*
*
*
*

Places I Visited
*
*
*
*
*
*
*
*

Fauna
*
*
*
*
*
*
*
*

*
*
*
*
*
*
*
*

I Feasted On

*
*
*
*
*
*

Memories I Made Today

*

*

*

High Points

*

*

*

Challenges

*

*

*

Date:

Location:

Flora

*
*
*
*
*
*
*
*

Places I Visited

*
*
*
*
*
*
*
*

Fauna

*   *
*   *
*   *
*   *
*   *
*   *
*   *
*   *

I Feasted On

*
*
*
*
*
*

Memories I Made Today

*
*
*

High Points

*
*
*

Challenges

*
*
*

Date:

Location:

Flora

*
*
*
*
*
*
*
*

Places I Visited

*
*
*
*
*
*
*
*

Fauna

*   *
*   *
*   *
*   *
*   *
*   *
*   *
*   *

I Feasted On

*
*
*
*
*
*

Memories I Made Today

*

*

*

High Points

*

*

*

Challenges

*

*

*

Date:

Location:

Flora

*
*
*
*
*
*
*
*

Places I Visited

*
*
*
*
*
*
*
*

Fauna

*
*
*
*
*
*
*
*

*
*
*
*
*
*
*
*

I Feasted On

*
*
*
*
*
*

Memories I Made Today

*

*

*

High Points

*

*

*

Challenges

*

*

*

Date:

Location:

Flora

*
*
*
*
*
*
*
*

Places I Visited

*
*
*
*
*
*
*
*

Fauna

*
*
*
*
*
*
*
*

*
*
*
*
*
*
*
*

I Feasted On

*
*
*
*
*
*

Memories I Made Today

*
*
*

High Points

*
*
*

Challenges

*
*
*

Date:

Location:

Flora

* *
* *
* *
* *
* *
* *
* *
* *

Places I Visited

* *
* *
* *
* *
* *
* *
* *
* *

Fauna

* *　　　* *
* *　　　* *
* *　　　* *
* *　　　* *
* *　　　* *
* *　　　* *
* *　　　* *
* *　　　* *

I Feasted On

*
*
*
*
*
*

Memories I Made Today

*

*

*

High Points

*

*

*

Challenges

*

*

*

Date:

Location:

Flora

*
*
*
*
*
*
*
*

Places I Visited

*
*
*
*
*
*
*
*

Fauna

*
*
*
*
*
*
*
*

*
*
*
*
*
*
*
*

I Feasted On

*
*
*
*
*
*

Memories I Made Today

*
*
*

High Points

*
*
*

Challenges

*
*
*

Date:

Location:

Flora

*
*
*
*
*
*
*
*

Places I Visited

*
*
*
*
*
*
*
*

Fauna

*
*
*
*
*
*
*
*

*
*
*
*
*
*
*

I Feasted On

*
*
*
*
*
*

Memories I Made Today

*

*

*

High Points

*

*

*

Challenges

*

*

*

Date:

Location:

Flora

*
*
*
*
*
*
*
*

Places I Visited

*
*
*
*
*
*
*
*

Fauna

*
*
*
*
*
*
*
*

*
*
*
*
*
*
*
*

I Feasted On

*
*
*
*
*
*

Memories I Made Today

*

*

*

High Points

*

*

*

Challenges

*

*

*

Date:

Location:

Flora

*
*
*
*
*
*
*
*

Places I Visited

*
*
*
*
*
*
*
*

Fauna

*
*
*
*
*
*
*
*

*
*
*
*
*
*
*
*

I Feasted On

*
*
*
*
*
*

Memories I Made Today

*
*
*

High Points

*
*
*

Challenges

*
*
*

Date:

Location:

Flora

*
*
*
*
*
*
*
*

Places I Visited

*
*
*
*
*
*
*
*

Fauna

*
*
*
*
*
*
*
*

*
*
*
*
*
*
*
*

I Feasted On

*
*
*
*
*
*

Memories I Made Today

*

*

*

High Points

*

*

*

Challenges

*

*

*

Date:

Location:

Flora

*
*
*
*
*
*
*
*

Places I Visited

*
*
*
*
*
*
*
*

Fauna

*
*
*
*
*
*
*
*

*
*
*
*
*
*
*
*

I Feasted On

*
*
*
*
*
*

Memories I Made Today

*

*

*

High Points

*

*

*

Challenges

*

*

*

Date:

Location:

Flora
*
*
*
*
*
*
*
*

Places I Visited
*
*
*
*
*
*
*
*

Fauna
* 　　　　*
* 　　　　*
* 　　　　*
* 　　　　*
* 　　　　*
* 　　　　*
* 　　　　*
* 　　　　*

I Feasted On

*
*
*
*
*
*

Memories I Made Today

*

*

*

High Points

*

*

*

Challenges

*

*

*

Date:

Location:

Flora

*
*
*
*
*
*
*
*

Places I Visited

*
*
*
*
*
*
*
*

Fauna

*   *
*   *
*   *
*   *
*   *
*   *
*   *
*   *

I Feasted On

*
*
*
*
*
*

Memories I Made Today

*
*
*

High Points

*
*
*

Challenges

*
*
*

Date:

Location:

Flora

*
*
*
*
*
*
*
*

Places I Visited

*
*
*
*
*
*
*
*

Fauna

*
*
*
*
*
*
*
*

*
*
*
*
*
*
*
*

I Feasted On

*
*
*
*
*
*

Memories I Made Today

*

*

*

High Points

*

*

*

Challenges

*

*

*

Date:

Location:

Flora

*
*
*
*
*
*
*
*

Places I Visited

*
*
*
*
*
*
*
*

Fauna

*
*
*
*
*
*
*
*

*
*
*
*
*
*
*
*

I Feasted On

*
*
*
*
*
*

Memories I Made Today

*

*

*

High Points

*

*

*

Challenges

*

*

*

Date:

Location:

Flora

*
*
*
*
*
*
*
*

Places I Visited

*
*
*
*
*
*
*
*

Fauna

*
*
*
*
*
*
*
*

*
*
*
*
*
*
*
*

I Feasted On

*
*
*
*
*
*

Memories I Made Today

*

*

*

High Points

*

*

*

Challenges

*

*

*

Date:

Location:

Flora

*
*
*
*
*
*
*
*

Places I Visited

*
*
*
*
*
*
*
*

Fauna

*   *
*   *
*   *
*   *
*   *
*   *
*   *
*   *

I Feasted On

*
*
*
*
*
*

Memories I Made Today

*

*

*

High Points

*

*

*

Challenges

*

*

*

Date:

Location:

Flora

*
*
*
*
*
*
*
*

Places I Visited

*
*
*
*
*
*
*
*

Fauna

*
*
*
*
*
*
*
*

*
*
*
*
*
*
*
*

I Feasted On

*
*
*
*
*
*

Memories I Made Today

*
*
*

High Points

*
*
*

Challenges

*
*
*

Date:

Location:

Flora

*
*
*
*
*
*
*
*

Places I Visited

*
*
*
*
*
*
*
*

Fauna

*
*
*
*
*
*
*
*

*
*
*
*
*
*
*
*

I Feasted On

*
*
*
*
*
*

Memories I Made Today

*

*

*

High Points

*

*

*

Challenges

*

*

*

Date:

Location:

Flora

* *
* *
* *
* *
* *
* *
* *
* *

Places I Visited

* *
* *
* *
* *
* *
* *
* *
* *

Fauna

* *   * *
* *   * *
* *   * *
* *   * *
* *   * *
* *   * *
* *   * *
* *   * *

I Feasted On

*
*
*
*
*
*

Memories I Made Today

*
*
*

High Points

*
*
*

Challenges

*
*
*

Date:

Location:

Flora

*
*
*
*
*
*
*
*

Places I Visited

*
*
*
*
*
*
*
*

Fauna

*
*
*
*
*
*
*
*

*
*
*
*
*
*
*
*

I Feasted On

*
*
*
*
*
*

Memories I Made Today

*

*

*

High Points

*

*

*

Challenges

*

*

*

Date:

Location:

Flora

*
*
*
*
*
*
*
*

Places I Visited

*
*
*
*
*
*
*

Fauna

*   *
*   *
*   *
*   *
*   *
*   *
*   *
*   *

I Feasted On

*
*
*
*
*
*

Memories I Made Today

*
*
*

High Points

*
*
*

Challenges

*
*
*

Made in the USA
Las Vegas, NV
02 April 2023

70043504R00059